Darstellung und Untersuchung von Cybercrime durch Informations- und Kommunikationstechnologie unter besonderer Berücksichtigung von Phishing während der COVID-19-Pandemie

Jannik Poschke

Bibliografische Information der Deutschen Nationalbibliothek:

Die Deutsche Nationalbibliothek verzeichnet diese Publikation in der Deutschen Nationalbibliografie; detaillierte bibliografische Daten sind im Internet über http://dnb.d-nb.de abrufbar.

ISBN: 9783346778048
Dieses Buch ist auch als E-Book erhältlich.

© GRIN Publishing GmbH
Nymphenburger Straße 86
80636 München

Druck und Bindung: Books on Demand GmbH, Norderstedt Germany
Gedruckt auf säurefreiem Papier aus verantwortungsvollen Quellen

Das vorliegende Werk wurde sorgfältig erarbeitet. Dennoch übernehmen Autoren und Verlag für die Richtigkeit von Angaben, Hinweisen, Links und Ratschlägen sowie eventuelle Druckfehler keine Haftung.

Das Buch bei GRIN: https://www.grin.com/document/1307480

FOM Hochschule für Oekonomie & Management

Hochschulzentrum Digitales Live Studium

Hausarbeit

im Modul Wissenschaftliches Arbeiten

im berufsbegleitenden Studiengang zum

Bachelor of Arts (B.A.) – Business Administration

2. Semester

über das Thema

Megatrends

-

Darstellung und Untersuchung von Cybercrime durch Informations- und Kommunikationstechnologie unter besonderer Berücksichtigung von Phishing während der COVID-19 Pandemie

von

Jannik Poschke

Abgabedatum: 15.08.2022
Wörter: 4287

Inhaltsverzeichnis

Abbildungsverzeichnis

Tabellenverzeichnis

1   Einleitung

In diesem Kapitel erfolgt die Einführung in die Problemstellung und die Erläuterung der Vorgehensweise dieser Arbeit.

1.1   Problemstellung

Die Welt ist heute digitaler als jemals zuvor. Die Vernetzung von Menschen und Maschinen entwickelt sich in einer rasanten Geschwindigkeit weiter und der Großteil analoger Geräte, die in der Vergangenheit als großer technologischer Fortschritt angesehen wurde, hat seine frühere Bedeutung verloren und musste neueren Technologien weichen. Diese hingegen sind gerade in Hinblick auf die Informations- und Kommunikationstechnologie, vor allem bei den Endgeräten und dem Internet, aus dem privaten, aber auch geschäftlichen Alltag kaum mehr wegzudenken und spiegeln auch die Abhängigkeit von der ständigen Weiterentwicklung in diesem Bereich wider.

Doch nicht nur die Chancen und Möglichkeiten steigen mit der zunehmenden Digitalisierung, sondern auch Bedrohungen, Angriffe und die Verlagerung der Kriminalitätsphänomene in den digitalen Raum.[1] So ist Cybercrime schon seit langem im Internet vorhanden und entwickelt sich dabei mit hoher Geschwindigkeit weiter. Dies stellt nicht nur ein Kriminalitätsphänomen dar, sondern entwickelte sich zu einem global vernetzen Geschäftsmodell in der Underground Economy.[2] Die Underground Economy beschreibt hierbei die Gesamtheit der illegalen Schattenwirtschaft im Internet.[3] In dieser gibt es zahlreiche Marktplätze und ein breites Angebot von illegalen Dienstleistungen und Gütern aller Art, z. B. gestohlene Identitäten.[4] Bis heute ist dabei Phishing eines der am weitverbreitetsten, lukrativsten und erfolgreichsten Angriffsmethoden, um an illegal gewonnene Daten zu gelangen.[5]

Beflügelt durch den Ausbruch der Covid-19-Pandemie wurde durch die globale Vernetzung jeder Einzelne zu einem potenziellen Opfer der Cyberkriminalität. In dieser Krise wurden Computersysteme, mobile Endgeräte und das Internet wichtiger denn je, um die

---

[1] Vgl. *Bundeskriminalamt*, Bundeslagebild, 2022, S. 4.
[2] Vgl. *https://www.bka.de/DE/UnsereAufgaben/Deliktsbereiche/Cybercrime/cybercrime_node.html*, Zugriff am 22.05.2022.
[3] Vgl. *Wernert, M.*, Internetkriminalität, 2021, S. 24.
[4] Vgl. ebd.
[5] Vgl. *Bundeskriminalamt*, Sonderauswertung Corona, 2020, S. 23.

Arbeit von zuhause zu verrichten, zu kommunizieren, einzukaufen oder Informationen zu erhalten und zu teilen, um dabei die soziale Distanzierung zu mindern.[6] Dadurch verlagerten sich viele alltägliche Dinge in den digitalen Raum, dessen Schwachstellen wurden größer und boten Kriminellen so spezielle Angriffsflächen. Dabei haben sich auch die Angriffsarten und die Vorgehensweise der Kriminellen verändert. Zum Einsatz kamen auf die Pandemie zugeschnittene und breit gestreute Phishing-Mails, die auf Fake-Webseiten führten, um persönliche oder unternehmensbezogene Daten zu ergaunern.[7] Daher stellt sich die Frage, welche Auswirkungen die Covid-19 Pandemie auf die Entwicklung von Cybercrime und Phishing in dieser Zeit tatsächlich hatte und welche Rolle dabei die Ängste eines jeden Einzelnen spielten. Diese Punkte werden in dieser Ausarbeitung erarbeitet und ein Basisverständnis für digitale Kriminalität vermittelt.

1.2 Gang der Arbeit

Im ersten Teil dieser Ausarbeitung werden die einzelnen Begrifflichkeiten näher dargelegt. Der Einstieg erfolgt mit der einer allgemeinen Definierung von Megatrends sowie einer darauffolgenden Vertiefung des Megatrends Sicherheit. Anschließend wird der Begriff Cybercrime und der Aufbau dieses Kriminalitätsphänomens näher beleuchtet. Den Schluss dieses Abschnitts bilden die beiden Unterkapitel Identitätsdiebstahl und Identitätsmissbrauch.

Die theoretischen Grundlagen bilden hierbei das Basiswissen für ein besseres Verständnis des Praxisteils, der anschließend folgt. Durch die Betrachtung einer aktuellen Statistik werden die finanziellen Schäden durch Cybercrime innerhalb Deutschlands dargestellt, wodurch der Leser einen ersten Eindruck von den Ausmaßen erhält. Anschließend wird Phishing als spezielle und fokussierende Angriffsform näher erklärt und die Entwicklung entdeckter Phishing-Webseiten, auch mit Blick auf die Covid-19-Pandemie, weiter untersucht. Darauf aufbauend wird auf ein Beispiel einer solchen Phishing-Webseite eingegangen, um das Verständnis zu festigen und die möglichen Anzeichen einer solchen Falle frühzeitig erkennen zu können. Daraufhin wird, von den zuvor gewonnen Erkenntnissen ausgehend, auf Schutzmaßnahmen eingegangen, aber auch auf Mittel, die Staaten und Behörden ergreifen, um Bürgerinnen und Bürger vor solchen Gefahren zu bewahren.

---

[6] Vgl. *Bundeskriminalamt*, Sonderauswertung Corona, 2020, S. 1.
[7] Vgl. *Bundesamt für Sicherheit in der Informationstechnik*, Sicherheitslage, 2020, S. 80.

Das Fazit stellt das letzte Kapitel dieser Arbeit dar. In diesem werden die Erkenntnisse zusammengefasst und überprüft, ob die zentrale Fragestellung beantwortet werden konnte. Abschließend erfolgt ein Ausblick auf daran anschließende Forschungsfragen sowie auf die zukünftigen Entwicklungen in diesem Bereich.

2 Theoretische Grundlagen

In diesem Kapitel werden die einzelnen Fachbegriffe genauer erläutert und definiert. Angefangen bei den Megatrends bis hin zur Definition von Identitätsmissbrauch bildet es die Grundlage für ein besseres Verständnis des Praxiskapitels dieser Arbeit.

2.1 Definition Megatrends

Wenn der Begriff eines Megatrends fällt, dann wird dies häufig mit dem US-amerikanischen Autor John Naisbitt in Verbindung gebracht, der sich vor allem in den 80er Jahren mit dem Schwerpunkt der Trend- und Zukunftsforschung befasste und diesen Begriff geprägt hat.[8] Ein Megatrend besteht dabei meist aus einer Vielzahl von besonders tiefgreifenden und fortwährenden Trends, die einen epochalen Charakter aufweisen. Sie beschreiben vor allem den dynamischen Wandlungsprozess in der globalen Gesellschaft, Politik, Technik und Wirtschaft und stellen ein Modell dar, um die Komplexität auf ein verständliches und greifbares Niveau zu reduzieren.[9] Dabei beeinflussen Megatrends auch das gesellschaftliche Miteinander und haben Auswirkungen auf das private Leben sowie auf gemeinschaftliche Entscheidungen, aber auch auf die wirtschaftliche Entwicklung eines Landes.[10] So arbeitet das Zukunftsinstitut in der heutigen Trend- und Zukunftsforschung mit zwölf identifizierten Megatrends.[11]

Um einen Megatrend heute als solchen zu erkennen und zu klassifizieren, müssen zentrale Kriterien wie die Langfristigkeit, Ubiquität, Globalität und der Komplexität erfüllt sein.[12] Erstere gilt dabei als erfüllt, wenn die Aktivzeit sich über mehrere Jahrzehnte erstreckt –

---

[8] Vgl. *https://www.spiegel.de/wirtschaft/john-naisbitt-ist-tot-zukunftsforscher-und-bestsellerautor-a-01d53db6-888f-49fa-8b1f-7920adcce018*, Zugriff am 21.05.2022.
[9] Vgl. *https://www.zukunftsinstitut.de/dossier/megatrends/#was-sind-megatrends*, Zugriff am 21.05.2022.
[10] Vgl. *Naisbitt, J.*, Megatrends, 1984, S. 22.
[11] Vgl. *https://www.zukunftsinstitut.de/dossier/megatrends/#12-megatrends*, Zugriff am 21.05.2022.
[12] Vgl. *https://www.zukunftsinstitut.de/dossier/megatrends/#definition*, Zugriff am 21.05.2022.

sie kann bis zu einem Jahrhundert anhalten.[13] Dabei beschränken sich Megatrends niemals auf nur einen Bereich oder ein Fachgebiet, sondern reichen tief in verschiedene gesellschaftliche, politische und persönliche Bereiche. Sie führen zu Veränderungen in der gesellschaftlichen Lebensweise, dem Konsumverhalten, den Entscheidungen und beeinflussen auch die inneren Werte, wobei sie verschiedene Bereiche auf eine neue Weise verknüpfen, was als Ubiquität bezeichnet wird.[14] Die Globalität hingegen beschreibt, wie sich Megatrends global entwickeln und wie trotz regional unterschiedlicher Ausprägungsformen die Dynamik dennoch präsent ist.[15] Gerade durch die Verschachtelung und die gegenseitigen Wechselwirkungen einzelner Trends werden Dynamiken erzeugt. Dies wird als Komplexität bezeichnet und stellt einen weiteren wichtigen Faktor dar, um einen echten Megatrend zu identifizieren.[16]

2.2 Definition des Megatrends Sicherheit

Der Megatrend Sicherheit wird u. a. durch eine paradoxe Entwicklung von dem eigenen wahrgenommenen Sicherheitsgefühl und der tatsächlichen Sicherheit gekennzeichnet.[17] Durch den ständigen Wandel in der Gesellschaft sind die Risiken und Probleme komplexer geworden und versetzen so die Menschen in eine Art dauerhafte Alarmbereitschaft mit zunehmender Verunsicherung in Bezug auf die wahrgenommene Sicherheit. Angetrieben wird das u. a. durch den Journalismus, diverse Berichterstattungen und die große Menge ständig vorhandener Informationen durch digitale und analoge Kanäle, die immer mehr auf negative und kritische Berichterstattung fokussiert sind und dabei das Gefühl einer mangelnden Sicherheit bestärken.[18]

Auch John Naisbitt erkannte im Rahmen seiner Forschung zu Megatrends, dass die immer größere werdende und unkontrollierte Menge and Informationen der Gesellschaft nicht mehr als Unterstützung dient, sondern immer mehr ihre ursprüngliche Funktion der Bereitstellung von Wissen verliert und für die Menschheit zur einer generellen Last wird.[19] Es entsteht der Anschein, dass sich eine globale Krise an die nächste reiht: von einer

[13] Vgl. *Horx, M.*, Megatrend-Prinzip, 2011, S. 72.
[14] Vgl. ebd.
[15] Vgl. *https://www.zukunftsinstitut.de/dossier/megatrends/#definition*, Zugriff am 21.05.2022.
[16] Vgl. *Horx, M.*, Megatrend-Prinzip, 2011, S. 67.
[17] Vgl. *https://www.zukunftsinstitut.de/dossier/megatrend-sicherheit/*, Zugriff am 21.05.2022.
[18] Vgl. *https://www.zukunftsinstitut.de/dossier/megatrend-sicherheit/*, Zugriff am 21.05.2022.
[19] Vgl. *Naisbitt, J.*, Megatrends, 1984, S.41.

möglichen Versorgungsnot über die EU-Flüchtlingskrise bis hin zuletzt zur Covid-19-Pandemie.[20] So ist es vor allem die persönliche Wahrnehmung, die suggeriert, dass die weltweite Entwicklung sich immer verschlechtert und ein Kollaps kurz bevorsteht. Doch dieser Gedanke ist eine Fehlinterpretation.[21] Die Welt hat faktisch gesehen das höchste Maß an Sicherheit, das es je gab, denn diese entwickelte sich in der Vergangenheit sehr positiv.[22] Es gibt Kontrollen an Flughäfen, Bahnhöfen oder öffentlichen Plätzen und Sicherheit in Datensystemen, Erzeugnissen und Arbeitsabläufen. So ist es u. a. die persönliche Wahrnehmung, die das Gefühl von Unsicherheit und das zunehmende Empfinden für Risiken hervorruft.[23] Der Megatrend Sicherheit beschreibt somit das Spannungsverhältnis zwischen der tatsächlichen und wahrgenommenen Sicherheit und der gleichzeitig zunehmenden Angst vor Gefahren und dem Bestreben nach mehr Sicherheit.

Der Megatrend Sicherheit lässt sich in weitere Subtrends wie u.a. Blockchain, Big Data, Privacy und Cybercrime unterteilen. Hierbei werden ebenfalls die weitreichenden Verbindungen zu weiteren Megatrends wie Konnektivität oder Globalität sichtbar.[24] Hinsichtlich dieser Ausarbeitung wird nur das Themenfeld von Cybercrime näher betrachtet.

2.3   Definition Cybercrime

Von Cybercrime wird gesprochen, wenn moderne Informations- und Kommunikationstechnologie missbraucht wird, um Straftaten auszuüben, die mithilfe von Werkzeugen des Internets vollzogen werden. Es beinhaltet auch Straftaften, die gegen Informationsnetze und deren Datenbestände gerichtet sind.[25] Durch die immer stärker werdende Entwicklung und Bedrohung in diesem Bereich wird heute unterschieden in Cybercrime im weiteren und engeren Sinne.[26] Eine solche Klassifizierung erfolgte bereits auf dem 10. Kon-

---

[20] Vgl. *https://www.zukunftsinstitut.de/dossier/megatrend-sicherheit/*, Zugriff am 21.05.2022.
[21] Vgl. ebd.
[22] Vgl. ebd.
[23] Vgl. ebd.
[24] Vgl. ebd.
[25] Vgl. *https://ec.europa.eu/home-affairs/cybercrime_en*, Zugriff am 05.06.2022; *Wernert, M.*, Internetkriminalität, 2021, S. 34.
[26] Vgl. *https://bundeskriminalamt.at/306/*, Zugriff am 22.05.2022; *https://www.lka.polizei-nds.de/kriminalitaet/deliktsbereiche/internetkriminalitaet/cybercrime-115790.html*, Zugriff am 05.06.2022.

gress der Vereinten Nationen zum Thema „Prevention of Crime and Treatment of Offenders" und wird seitdem auf internationaler Ebene von Strafverfolgungsbehörden und in der Rechtsprechung mit jeweils individuellen Abwandlungen verwendet.[27]

Werden die Kriterien für den weiter gefassten Bereich von Cybercrime genauer beleuchtet, müssen Planung, Vorbereitung und letztliche Ausführung der Straftaten mit Tatwerkzeugen der Informations- und Kommunikationstechnologie (wie Internet, Telefon) begangen werden.[28] Die Delikte werden dadurch gekennzeichnet, dass diese Taten auch ohne Internet begangen werden können. Hier findet eine Verlagerung des Tatortes von dem analogen in den virtuellen Raum statt. Ein klassisches Beispiel ist das Cyber-Mobbing, bei dem Mobbing in den virtuellen Raum verlagert wird.[29]

Cybercrime im engeren Sinne beinhaltet hingegen sämtliche Delikte, in deren Tatbestandsmerkmalen selbst vor allem Komponenten der Informationstechnologie enthalten sind. Die Angriffe richten sich vor allem gegen das Internet und informationsverarbeitende Systeme.[30] Dabei wird u. a. die Unversehrtheit und Erreichbarkeit der Informations- und Kommunikationstechnologie verletzt. Hierzu zählen Straftaten wie die Beschädigung und das unerlaubte Abgreifen von Daten, das in der Bevölkerung unter dem Begriff Phishing bekannt ist und in dieser Ausarbeitung näher untersucht wird.[31]

2.4 Definition Identitätsdiebstahl

Um den Identitätsdiebstahl näher erklären zu können, wird im Folgenden zunächst die Identität in zwei Arten unterteilt: die soziale und die technische. Bei ersterer handelt es sich um klassische Daten und Merkmale, die für die Gesellschaft von außen wahrnehmbar sind und ohne die Verwendung von Technologien vor Menschen eindeutig identifiziert

[27] Vgl. *https://www.unodc.org/documents/congress/Previous_Congresses/10th_Congress_2000/017_A-CONF.187.10_Crimes_Related_to_Computer_Networks.pdf*, Zugriff am 05.06.2022.
[28] Vgl. *https://www.bka.de/DE/UnsereAufgaben/Deliktsbereiche/Cybercrime/cybercrime_node.html*, Zugriff am 22.05 2022.
[29] Vgl. *https://www.berlin.de/sen/inneres/sicherheit/cybersicherheit/cybercrime/artikel.582678.php#begriff*, Zugriff am 22.05.2022
[30] Vgl. *https://www.lka.polizei-nds.de/kriminalitaet/deliktsbereiche/internetkriminalitaet/cybercrime-115790.html*, Zugriff am 05.06.2022.
[31] Vgl. *Huber, E.*, Cybercrime, 2019, S. 37.

werden können.[32] Hierzu zählen Angaben wie Name, vollständige Anschrift sowie Geburtsdatum.[33] Die technische Identität hingegen wird mit der Nutzung von technologischen Mitteln wie dem Internet in Verbindung gebracht und beinhaltet u. a. Angaben wie Benutzername, dazugehöriges Passwort, Mail-Adressen, Telekommunikationsdaten und auch die IP-Adresse[34], die wie eine Postanschrift dient, die den Empfänger einer Information eindeutig identifizieren kann.[35]

Der Begriff Identitätsdiebstahl wird heute in den unterschiedlichen Kontexten mit verschiedenen Bedeutungen verwendet und so existieren hierfür diverse Definitionsansätze.[36] Diese reichen von Ausspähung und Nutzung personenbezogener Daten bis hin zur Fälschung biometrischer Daten wie Fingerabdrücke.[37] Betrachtet man in diesem Zusammenhang die zwei Arten der Identität, so kann Identitätsdiebstahl grundsätzlich in der virtuellen Welt, aber auch außerhalb des Internets erfolgen. Um ein eindeutiges Verständnis dieser Begrifflichkeit zu gewährleisten, wird für diese Ausarbeitung Identitätsdiebstahl wie folgt definiert: widerrechtliches Erlangen von nicht öffentlichen Identifikationsdaten, die eine Person eindeutig bestimmen lassen.

2.5   Definition Identitätsmissbrauch

Identitätsmissbrauch tritt häufig als Folge von Identitätsdiebstahl auf.[38] Demnach ist die missbräuchliche Nutzung erbeuteter Identifikationsdaten ein Teil von Identitätsmissbrauch und setzt dabei auch voraus, dem Opfer wissentlich Schaden zu wollen, wobei die Täter meist nur ein finanzielles Interesse haben.[39] Auch hier bedarf es im Rahmen dieser Ausarbeitung einer genauen Definition. Diese lautet: Identitätsmissbrauch beschreibt das widerrechtliche Wirken gegenüber Dritten unter einer falschen oder verfälschten Identität. Von letzterer wird dann gesprochen, wenn die eigene Identität verschleiert wird, indem einzelne Bestandteile durch fiktive Daten oder die von Dritten ersetzt werden.[40]

---

[32] Vgl. *Meyer, J.,* Identitätsbegriff, 2011, S. 49; *Bundesamt für Sicherheit in der Informationstechnik*, Sicherheitslage, 2021, S. 24.
[33] Vgl. *Borges, G., Schwenk, J., Stuckenberg, C.-F., Wegener, C.,* Identitätsdiebstahl, 2011, S. 5.
[34] Vgl. *Borges, G., Schwenk, J., Stuckenberg, C.-F., Wegener, C.,* Identitätsdiebstahl, 2011, S. 5; *Bundesamt für Sicherheit in der Informationstechnik*, Sicherheitslage, 2021, S. 24.
[35] Vgl. *Kirchberg-Lennartz, B., Weber, J.,* IP-Adresse, 2010, S. 479-481.
[36] Vgl. *Borges, G., Schwenk, J., Stuckenberg, C.-F., Wegener, C.,* Identitätsdiebstahl, 2011, S. 10.
[37] Vgl. *Borges, G., Schwenk, J., Stuckenberg, C.-F., Wegener, C.,* Identitätsdiebstahl, 2011, S. 10-11.
[38] Vgl. *Borges, G., Schwenk, J., Stuckenberg, C.-F., Wegener, C.,* Identitätsdiebstahl, 2011, S. 9.
[39] Vgl. *Busch, C.,* Datensicherheit, 2009, S. 317.
[40] Vgl. *Borges, G., Schwenk, J., Stuckenberg, C.-F., Wegener, C.,* Identitätsdiebstahl, 2011, S. 10.

3 Diebstahl und Missbrauch von Identifikationsdaten

Viele Menschen und Unternehmen nutzen ihre Identität in der digitalen Welt. Phishing stellt dabei eine von vielen Möglichkeiten dar, um diese illegal abzufangen. Welche Schäden dadurch entstehen können, wie Kriminelle dabei vorgehen und wie man die Gefahr abwehren kann, wird in den nachfolgenden Abschnitten näher betrachtet.

3.1 Schäden durch Cybercrime in Deutschland

Das Internet stellt schon lange kein Ort mehr dar, den man als eine Art abgeschnittene Parallelwelt betrachten kann. Durch die steigernde Digitalisierung verlagern sich immer mehr Teile des täglichen Lebens in den digitalen Raum und bieten somit immer mehr Angriffsflächen für Cyberkriminelle.[41] So machen sich Täter die andauernde technische und gesellschaftliche Weiterentwicklung, aber auch internationale Notlagen wie zuletzt die Covid-19-Pandemie, zunutze und greifen dort an, wo es finanziell am lukrativsten ist und eine möglichst große Bandbreite abgedeckt werden kann.[42] Dabei erreichen die finanziellen Schäden, die durch Cybercrime entstehen, jedes Jahr neue Rekordhöhen. Allein die Schadenssumme der deutschen Wirtschaft, die im Berichtszeitraum 2020/2021 durch den Branchenverband Bitkom e. V. errechnet wurde, beliefen sich auf 223,5 Milliarden Euro. Im Vergleich zum Berichtszeitraum 2018/2019 haben diese sich verdoppelt. In Tabelle 1 werden die Schäden und die jeweiligen Schadenssummen ersichtlich.

Tabelle 1: Schäden durch Cybercrime in Deutschland

Abbildung aufgrund urheberrechtlichen Beschränkungen nicht verfügbar.

Quelle: *https://www.bitkom.org/sites/default/files/2021-08/bitkom-slides-wirtschafts-schutz-cybercrime-05-08-2021.pdf,* Zugriff am 15.05.2022

---

[41] Vgl. *Bundeskriminalamt,* Bundeslagebild, 2021, S. 38.
[42] Vgl. *Bundeskriminalamt,* Bundeslagebild, 2021, S. 29.

Allein von 2019 bis 2021 gab es im Bereich der Erpressung mit gestohlenen und ver-schlüsselten Daten einen Zuwachs der Schäden von über 350 %. Im Vergleich zu den Vorjahren hat auch dieser Sektor einen Rekordwert an Schadenssumme zu verzeichnen. Der Schwerpunkt im Berichtsjahr 2021 liegt allerdings in den Bereich Ausfall, Diebstahl und Sabotage von technischen Systemen und betrieblichen Abläufen mit über 60 Milliar-den Euro Schadenssumme. Auch hier konnte eine signifikante Steigerung der Schadens-summen in den vergangenen Jahren identifiziert werden. Insgesamt wird die Dunkelziffer der Schäden in allen Bereichen durch den Branchenverband Bitkom e.V. viel höher ein-geschätzt, da in der Auswertung nur Unternehmen ab einer Mitarbeitergröße von zehn Personen erfasst wurden.[43] Obwohl die Schadenssummen jedes Jahr ein neues Allzeit-hoch erreichen, ist auch zwischen den letzten beiden Berichtsjahren ein Abfall für Ermitt-lungskosten sowie Kosten für Rechtsstreitigkeiten zu erkennen.

3.2 Phishing als spezielle Angriffsform

Kaum eine andere Betrugsform steht so häufig im Fokus der Medien wie das Phishing und dennoch gehört es immer noch zu den erfolgreichsten und beliebtesten Methoden für die Gewinnung von widerrechtlich beschafften Daten und persönlichen Informationen.[44] Der Begriff „Phishing" verknüpft die Wörter „fishing" und „password" zu Deutsch „Fi-schen" und „Passwort". Er bezeichnet jegliche Art von Betrug, der mithilfe von Informa-tions- und Kommunikationstechnologie begangen wird, um Opfer zu der Herausgabe von sensiblen Daten oder persönlichen Informationen zu bewegen und diese anschließend für kriminelle Handlungen zu Lasten der Geschädigten zu verwenden.[45] Die Vorgehensweise der meisten Kriminellen ist beinahe gleich und ein Angriff besteht im Normalfall aus mehreren Komponenten, die auf eine Täuschung der Nutzer abzielen.[46] Die wohl bekann-

---

[43] Vgl. *https://www.bitkom.org/Presse/Presseinformation/Angriffsziel-deutsche-Wirtschaft-mehr-als-220-Milliarden-Euro-Schaden-pro-Jahr*, Zugriff am 15.05.2022.
[44] Vgl. *Bundeskriminalamt*, Bundeslagebild, 2022, S. 13; *Bundesamt für Sicherheit in der Informations-technik*, Sicherheitslage, 2021, S. 24.
[45] Vgl. *https://www.polizei-praevention.de/themen-und-tipps/straftaten-im-netz/phishing*, Zugriff am 22.05.2022.
[46] Vgl. *https://blog.google/intl/de-de/unternehmen/technologie/so-schutzt-ihr-euch-vor-phishing/*, Zugriff am 15.05.2022.

teste Form, die Cyberkriminelle verwenden, sind Phishing-Mails, die Opfer dazu verleiten sollen, auf einen Internetlink zu klicken, der wiederum auf eine verfälschte und maliziöse Webseite führt, wo der eigentliche Betrug dann vollzogen werden soll.[47]

Dabei gehen Cyberkriminelle systematisch vor. In der Covid-19-Pandemie machten sich die Täter in gezielten Phishing-Kampagnen die große Unsicherheit, die in der Bevölkerung und der Politik herrschte, zunutze.[48] Zur Durchführung einer solchen Attacke wird vom Täter zunächst eine gefälschte Internetseite, die einer Organisation, einem Unternehmen oder einer staatlichen Einrichtung ähnelt, täuschend echt nachgebaut. Dabei werden häufig originale Texte, Logos oder der konzeptionelle Aufbau der echten Webseite verwendet.[49] Die Seiten erwecken somit beim Besucher den Eindruck, dass er augenscheinlich auf der offiziellen Webseite unterwegs ist.[50] Sobald dieser Schritt vollzogen wurde, wird eine Phishing-Mail erstellt, die zur Homepage weiterleitet und das Opfer auffordert, die persönlichen und vertraulichen Daten in ein Formular einzugeben.[51] Dabei wird häufig der Vorwand einer notwendigen Sicherheitsüberprüfung genutzt, wodurch die Betrüger die Daten schließlich abfangen und nutzen können.[52] Meist werden persönliche Angaben, Daten zum Onlinebanking oder zu Kreditkarten, Zugangsdaten zu sozialen Netzwerken, Onlineshops und zum E-Mail-Account abgefangen.[53] Ist die Phishing-Mail vorbereitet, wird meist durch den Täter ein Verteiler eingerichtet und an alle potentiellen Opfer versendet. Für die Beschaffung dieser Mailadressen nutzen Kriminelle diverse Wege. So werden zum einen Internetseiten automatisch nach E-Mail-Adressen durchsucht und die Daten zur Weiterverarbeitung abgespeichert, aber auch der Zukauf der Adressen von fremden Datenbanken ist eine übliche Praxis.[54]

---

[47] Vgl. *Pohlmann, N.,* Cyber-Sicherheit, 2022, S. 197.
[48] Vgl. *Bundeskriminalamt,* Sonderauswertung Corona, 2020, S. 1
[49] Vgl. *https://www.polizei-praevention.de/themen-und-tipps/straftaten-im-netz/phishing,* Zugriff am 22.05.2022; *Wendzel, S.,* Sicherheit, 2021, S. 197.
[50] Vgl. *Pohlmann, N.,* Cyber-Sicherheit, 2022, S. 197.
[51] Vgl. ebd.
[52] Vgl. *https://www.polizei-praevention.de/themen-und-tipps/straftaten-im-netz/phishing,* Zugriff am 22.05.2022; *Wendzel, S.,* Sicherheit, 2021, S. 197.
[53] Vgl. *https://www.fbi.gov/scams-and-safety/common-scams-and-crimes/spoofing-and-phishing/,* Zugriff am 22.05.2022.
[54] Vgl. *https://tu-freiberg.de/urz/it-sicherheit/spam-phishing/gefaelschter-absender,* Zugriff am 22.05.2022.

3.3   Entwicklung entdeckter Phishing-Webseiten

Mit Ausbreitung des Coronavirus stieg auch immer mehr das weltweite Interesse anverwandten Themen und so hatten beispielsweise immer mehr Suchmaschinenanfragen einen Bezug zum Coronavirus.[55] Dies wurde zu einer ertragreichen Gelegenheit für Cyberkriminelle, von der globalen Pandemie zu profitieren.[56] Sie reagierten dabei schnell auf aktuelle Ereignisse, Nachrichten und die politische Lage, um ihre Phishing-Kampagnen anzupassen und zu perfektionieren. Somit wurde die Wahrscheinlichkeit einer möglichen Phishing Infizierung für Opfer erhöht, die nach diesen Informationen im Internet gesucht hatten.[57] Zu Beginn der Pandemie wurde eine verstärkte internationale Registrierung von Domain-Adressen verzeichnet, die Wörter wie „Covid" oder „Corona" aufwiesen und in diesem Kontext für kriminelle Handlungen wie Phishing-Kampagnen, aber auch für betrügerische Webshops verwendet wurden, die Corona-Schnelltests oder andere gefälschte Waren angeboten haben.[58] Das Forschungsteam Unit 42, das mit dem „European Cybercrime Centre" von dem Europäischen Polizeiamt (Europol) kooperiert[59], berichtete im Rahmen einer Analyse der Entwicklung und Ausnutzung der Pandemie durch Cyberkriminelle, dass alleine im ersten Quartal 2020 weit über 110 000 neu registriere Domain-Adressen, die in ihrer Referenz einen Bezug zu Covid aufwiesen, beobachtet wurden, wobei weit über ein Drittel als hochriskant eingestuft wurde.[60] Diese Untersuchung wird auch durch die Auswertung der Anti-Phishing Working Group (Abbildung 1) unterstützt, in der klar erkenntlich ist, dass sich Mitte des zweiten Quartals 2020 die entdeckten Phishing-Webseiten im Vergleich zu den Vorjahresquartalen mehr als verdreifacht hatten und damit in Zusammenhang mit der Pandemie stehen.

---

[55] Vgl. *https://unit42.paloaltonetworks.com/how-cybercriminals-prey-on-the-covid-19-pandemic/*, Zugriff am 26.05.2022.
[56] Vgl. ebd.
[57] Vgl. *https://www.europol.europa.eu/sites/default/files/documents/how_covid-19-related_crime_infected_europe_during_2020.pdf*, Zugriff am 26.05.2022.
[58] Vgl. ebd.
[59] Vgl. *https://www.paloaltonetworks.de/company/press/2019/palo-alto-networks-and-europol-expand-collaboration-efforts-on-cybercrime*, Zugriff am 26.05.2022.
[60] Vgl. *https://unit42.paloaltonetworks.com/how-cybercriminals-prey-on-the-covid-19-pandemic/*, Zugriff am 26.05.2022.

Abbildung 1: Anzahl der entdeckten Phishing-Webseiten

Abbildung aufgrund urheberrechtlichen Beschränkungen nicht verfügbar.

Quelle: *Anti-Phishing Working Group*, Phishing, o. J., o.S. zitiert nach *https://de.statista.com/statistik/daten/studie/73876/umfrage/anzahl-der-gemeldeten-phishing-webseiten-weltweit/*, Zugriff am 08.08.2022

3.4 Phishing-Webseiten zu Beginn der Covid-19-Pandemie

Die Verunsicherungen in der Weltbevölkerung wurden mit gezielten und vermehrten Phishing-Kampagnen durch diverse Cybercrime-Organisationen auf nationaler und internationaler Bühne ausgenutzt.[61] Das US-amerikanische Technologieunternehmen Google wertete in einem Bericht im April 2020 aus, dass alleine bei Google Mail pro Tag bis zu 18 Millionen Phishing-Mails mit Bezug auf die Covid-Pandemie eingegangen sind und blockiert wurden.[62] In ihren Phishing-Mails täuschten die Täter dabei vor, von offiziellen Organisationen wie der Bundesregierung oder der Weltgesundheitsbehörde zu sein, aber sie gaben sich auch als Virologen oder Ärzte aus und zielten darauf ab, die Unsicherheit und das hohe Informationsbedürfnis der Bürger auszunutzen.[63]

Zum Ende des ersten Quartals 2020 wurden kurz nach Veröffentlichung und Freigabe der staatlichen Corona-Soforthilfen in ganz Deutschland unzählige Phishing-Kampagnen

---

[61] Vgl. *Bundeskriminalamt*, Sonderauswertung Corona, 2020, S. 1.
[62] Vgl. *https://cloud.google.com/blog/products/identity-security/protecting-against-cyber-threats-during-covid-19-and-beyond*, Zugriff am 22.05.2022.
[63] Vgl. ebd.

aufgezeichnet, die versuchten, diese Hilfszahlungen von der Bundesregierung auszunutzen.[64] Dabei wurden u. a. dem Landeskriminalamt Nordrhein-Westfalen (NRW) ab April 2020 vermehrt Anzeigen zu gefälschten Webseiten gemeldet, die dem Antrag zur offiziellen NRW-Soforthilfe täuschend echt waren. Eine solche Fake-Webseite wird in Abbildung 2 ersichtlich. Dabei wurden von den Betrügern Domains registriert, um diese im Anschluss mittels Phishing-Mails oder Platzierungen im Netz in Umlauf zu bringen. Das grundlegende Ziel war das Ausspähen von Unternehmensdaten, um mit diesen auf den offiziellen Seiten die Fördergelder zu beantragen und für sich zu beanspruchen.[65]

Abbildung 2: Phishing-Webseite zur Beantragung der Soforthilfe in NRW

Abbildung aufgrund urheberrechtlichen Beschränkungen nicht verfügbar.

Quelle: *Bundeskriminalamt*, Sonderauswertung Corona, 2020, S. 5

Im weiteren Verlauf wurden durch das Landeskriminalamt einige Domains dieser Art identifiziert und konnten binnen kürzester Zeit entfernt werden, sodass sie keine weiteren Schäden verursachten.[66] Trotz der frühzeitigen Meldungen dieser gefälschten Seiten und dem schnellen Eingreifen des Landeskriminalamtes gab es mehrere tausend Opfer.[67] Durch diese Entwicklung wurde kurzfristig die Antragstellung sowie die Auszahlung der

---

[64] Vgl. *Bundesamt für Sicherheit in der Informationstechnik*, Sicherheitslage, 2020, S. 34.
[65] Vgl. *Bundeskriminalamt*, Sonderauswertung Corona, 2020, S. 5; *Bundesamt für Sicherheit in der Informationstechnik*, Sicherheitslage, 2021, S. 39.
[66] Vgl. *Bundeskriminalamt*, Sonderauswertung Corona, 2020, S. 5.
[67] Vgl. *https://lka.polizei.nrw/presse/nordrhein-westfalen-stoppt-vorerst-antragstellung-fuer-die-corona-soforthilfe*, Zugriff am 05.06.2022.

Corona-Soforthilfen durch das nordrhein-westfälische Wirtschaftsministerium ausgesetzt.[68] Dabei wurden derartige Angriffe nicht nur in Nordrhein-Westfalen festgestellt, sondern auch in anderen Bundesländern wie Hamburg, Sachsen und Baden-Württemberg.[69]

3.5   Schutzmaßnahmen und Prävention

Die Sicherheit der Gesellschaft in der digitalisierten Welt zu gewährleisten, stellt heutzutage eine schwierige Aufgabe dar, denn eine absolute Sicherheit gegen fremde Angriffe können informationstechnische Systeme nicht bieten.[70] Wer sich schützen will, muss die Methoden der Manipulation und seine eigenen Schwächen kennen. Ein gesundes Misstrauen kann beim Surfen im Internet hilfreich sein, um Gefahren frühzeitig zu erkennen. Insbesondere bei nicht identifizieren, oft kryptischen Absendern einer E-Mail mit oftmals pauschalisierten Anreden wie „Sehr geehrte Damen und Herren" sollte Vorsicht geboten sein. Aber auch diverse Rechtschreibfehler und sprachliche Diskrepanzen sind häufig ein Anzeichen für eine Phishing-Mail.[71] Ein maßgebliches Indiz stellt die vorgetäuschte Dringlichkeit des Handlungsbedarfs sowie die Eingabe von Identifikationsdaten dar, z. B. zur Verifizierung eines Kontos oder zur Überprüfung der Sicherheitseinstellungen.[72]

Darüber hinaus existieren zahlreiche bundes-, landes- und EU-weite Angebote seitens verschiedenster Sicherheitsbehörden, Vereine und Arbeitsgruppen, die sich mit den Entwicklungen von Cybercrime befassen und für die Bevölkerung eine präventive Arbeit leisten. So wurde durch das Bundeskriminalamt auf Bundes- und Landesebene das Polizeiliche Kriminalpräventionsprogramm etabliert, mit der Zielsetzung die Bürger u. a. über Kriminalitätsformen im Internet aufzuklären und so eine länderübergreifende Beratungs- und Öffentlichkeitsarbeit zu leisten.[73] Auf europäischer Ebene bietet z. B. Europol

---

[68] Vgl. *https://lka.polizei.nrw/presse/nordrhein-westfalen-stoppt-vorerst-antragstellung-fuer-die-corona-soforthilfe*, Zugriff am 05.06.2022.

[69] Vgl. *Bundeskriminalamt*, Sonderauswertung Corona, 2020, S. 5.

[70] Vgl. *https://www.bsi.bund.de/DE/Themen/Verbraucherinnen-und-Verbraucher/Informationen-und-Empfehlungen/Cyber-Sicherheitsempfehlungen/Basisschutz-fuer-Computer-Mobilgeraete/basisschutz-fuer-computer-mobilgeraete_node.html*, Zugriff am 29.06.2022.

[71] Vgl. *https://www.bsi.bund.de/DE/Themen/Verbraucherinnen-und-Verbraucher/Cyber-Sicherheitslage/Methoden-der-Cyber-Kriminalitaet/Spam-Phishing-Co/Passwortdiebstahl-durch-Phishing/Schutz-gegen-Phishing/schutz-gegen-phishing_node.html*, Zugriff am 29.05.2022.

[72] Vgl. ebd.

[73] Vgl. *https://www.bka.de/DE/IhreSicherheit/Praevention/praevention_node.html*, Zugriff am 29.06.2022.

zahlreiche Artikel, Leitfäden und Informationsgrafiken rund um das Thema Phishing und weitere Kriminalitätsphänomene an.[74] Der Bundesverband der Verbraucherzentrale bietet auf seiner Homepage einen sogenannten Phishing-Radar an und listet aktuelle Fälle von entsprechenden Mailangriffen auf.[75] Die Arbeitsgruppe „Identitätsschutz im Internet" befasst sich mit dem Schutz der Identität im Internet und veröffentlicht Artikel zur Prävention und zur Stärkung des öffentlichen Bewusstseins.[76]

4 Fazit

In diesem Kapitel werden die gewonnen Ergebnisse zusammengefasst und überprüft, ob die zentrale Fragestellung beantwortet wird. Ein Ausblick auf zukünftige Entwicklungen und anknüpfende Forschungsfragen runden dieses Kapitel ab.

4.1 Zielerreichung

Die vorherigen Kapitel zeigen ein deutliches Ergebnis und beantworten dabei die zentrale Fragestellung dieser Hausarbeit. So wurde festgestellt, dass Cyberkriminelle vor allem die Unsicherheit und das Unwissen der Gesellschaft sowie aktuelle Themen nutzen, um potenzielle Opfer zu schädigen. So wurde mit Ausbruch der Covid-19-Pandemie ein enormer Zuwachs von Phishing-Fällen und Fake-Webseiten verzeichnet. Die im Praxisteil beschriebenen Fälle zeigen dabei, wie schnell Kriminelle Phishing-Kampagnen an die jeweiligen gesellschaftlichen Ereignisse anpassen können. Gerade die Unsicherheiten und Ängste der Bevölkerung während der Pandemie brachten viele dazu, unbedacht zu handeln und somit auf die Phishing-Fallen hereinzufallen, obwohl diese bereits vorher vermehrt aufgezeichnet wurden. Doch während der Pandemie konnten Rekordhöhen festgestellt werden, weshalb ein Zusammenhang zwischen ihrer Ausbreitung und der Entwicklung von Cybercrime, insbesondere Phishing, erkennbar ist.

Diese Arbeit hatte das Ziel, die Betrugsform des Phishings näher zu erläutern und den Leser auf dieses Thema aufmerksam zu machen. Zusammengefasst zeigt diese Arbeit die zunehmende Professionalisierung von Cyberkriminellen und die anhaltenden Gefahren von Phishing.

---

[74] Vgl. *https://www.europol.europa.eu/operations-services-and-innovation/public-awareness-and-prevention-guides*, Zugriff am 29.06.2022.
[75] Vgl. *https://www.verbraucherzentrale.de/wissen/digitale-welt/phishingradar*, Zugriff am 29.06.2022.
[76] Vgl. *https://www.a-i3.org/a-i3/*, Zugriff am 29.06.2022.

4.2   Perspektiven

Mit all den Möglichkeiten, die die Digitalisierung hervorbringt, werden die Gefahren und Schwachstellen künftig weiter steigern und Kriminellen neue Möglichkeiten eröffnen.[77] Gerade die Pandemie hat verdeutlicht, dass Cyberkriminelle aufgrund ihrer Netzwerke, der zunehmenden Professionalität, der schnellen Anpassungsfähigkeit und der technischen Möglichkeiten sehr gut im Stande sind, Schwachstellen auszunutzen.[78] Mit jedem erfolgreichen Angriff stehen der Underground Economy weitere monetäre Mittel zur Verfügung, die wiederum in dessen Wirtschaftskreislauf reinvestiert werden.[79] Mit diesen Mitteln werden neue Angriffsmöglichkeiten entwickelt, neue Täterkreise erschlossen, Vernetzung und Professionalisierung vorangetrieben und letzten Endes der Profit erhöht, wodurch die eigene kriminelle Wertschöpfungskette kontinuierlich steigt.[80]

Dem gegenüber stehen Staaten, Sicherheitsbehörden, Unternehmen, öffentliche Einrichtungen und Bürger, die auf die schnelle Entwicklung der Cyberkriminalität reagieren und sich anpassen müssen, um handlungsfähig zu bleiben.[81] Staaten und Sicherheitsbehörden werden auf nationale und internationale Kooperationen angewiesen sein, um diese Gefahr einheitlich und nachhaltig bekämpfen zu können.[82] Generell wird Informationssicherheit eine zentralere Rolle einnehmen und sollte die Grundlage in sämtlichen Bereichen werden, um IT-Sicherheitskonzepte zu entwickeln und zu etablieren.[83] In der Gesellschaft wird eine Stärkung des Gefahrenbewusstseins im Umgang mit Daten im digitalen Raum notwendig sein. Auch sind weitere Sensibilisierungsmaßnahmen und Schulungsangebote notwendig, um Gefahren frühzeitig zu erkennen, bevor ein Schaden verursacht wird.[84] Die gewonnenen Erkenntnisse ermöglichen anknüpfende Forschungsansätze. Es könnte geprüft werden, ob eine stärkere Sensibilisierung von Cybercrime positive Resultate auf das Gefahrenbewusstsein der Nutzer im Internet hat.

---

[77] Vgl. *Bundesamt für Sicherheit in der Informationstechnik*, Sicherheitslage, 2021, S. 89.
[78] Vgl. *Bundeskriminalamt*, Bundeslagebild, 2021, S. 10.
[79] Vgl. *Bundeskriminalamt*, Bundeslagebild, 2020, S. 53.
[80] Vgl. *Bundeskriminalamt*, Bundeslagebild, 2021, S. 12-13.
[81] Vgl. *Bundesministerium des Inneren, für Bau und Heimat*, Cybersicherheitsstrategie, 2021, S. 87.
[82] Vgl. *Bundeskriminalamt*, Bundeslagebild, 2020, S. 54; *Bundesministerium des Inneren, für Bau und Heimat*, Cybersicherheitsstrategie, 2021, S. 114.
[83] Vgl. *Bundesamt für Sicherheit in der Informationstechnik*, Sicherheitslage, 2021, S. 89.
[84] Vgl. *Bundesamt für Sicherheit in der Informationstechnik*, Sicherheitslage, 2021, S. 14; *Pohlmann, N.*, Cyber-Sicherheit, 2022, S. 710.

Literaturverzeichnis

Anti-Phishing Working Group (Phishing, o.J.): Statistical Highlights, in: Phishing Activity Trends Report, o.J., o.S

Borges, Georg, Schwenk, Jörg, Stuckenberg, Carl-Friedrich, Wegener, Christoph (Identitätsdiebstahl, 2011): Identitätsdiebstahl und Identitätsmissbrauch im Internet: Rechtliche und technische Aspekte, Berlin, Heidelberg: Springer, 2011

Bundesamt für Sicherheit in der Informationstechnik (Sicherheitslage, 2020): Die Lage der IT-Sicherheit in Deutschland 2020, Bonn: Bundesamt für Sicherheit in der Informationstechnik, 2020

Bundesamt für Sicherheit in der Informationstechnik (Sicherheitslage, 2021): Die Lage der IT-Sicherheit in Deutschland 2021, Bonn: Bundesamt für Sicherheit in der Informationstechnik, 2021

Bundeskriminalamt (Bundeslagebild, 2020): Cybercrime: Bundeslagebild 2019, Wiesbaden: Bundeskriminalamt, 2020

Bundeskriminalamt (Sonderauswertung Corona, 2020): Sonderauswertung Cybercrime in Zeiten der Corona-Pandemie, Wiesbaden: Bundeskriminalamt, 2020

Bundeskriminalamt (Bundeslagebild, 2021): Cybercrime: Bundeslagebild 2020, Wiesbaden: Bundeskriminalamt, 2021

Bundeskriminalamt (Bundeslagebild, 2022): Cybercrime: Bundeslagebild 2021, Wiesbaden: Bundeskriminalamt, 2022

Bundesministerium des Inneren, für Bau und Heimat (Cybersicherheitsstrategie, 2021): Cybersicherheitsstrategie für Deutschland 2021, Berlin: Bundesministerium des Innern, für Bau und Heimat, 2021

Busch, Christoph (Identitätsdiebstahl, 2009): Biometrie und Identitätsdiebstahl, in: DuD, 33 (2009) Nr. 5, S. 317

Horx, Matthias (Megatrend-Prinzip, 2011): Das Megatrend-Prinzip: Wie die Welt von morgen entsteht, München: Deutsche Verlags-Anstalt, 2011

Huber, Edit (Cybercrime, 2019): Cybercrime: Eine Einführung, Berlin: Springer, 2019

Kirchberg-Lennartz, Barbara, Weber, Jürgen (IP-Adresse, 2010): Ist die IP-Adresse ein personenbezogenes Datum?, in: DuD, 34 (2010) Nr. 7, S. 479-481

Meyer, Julia (Identitätsbegriff, 2011): Internet und Recht: Identität und virtuelle Identität natürlicher Personen im Internet, Bd. 7, Baden-Baden: Nomos, 2011

Naisbitt, John (Megatrends, 1984): Megatrends: 10 Perspektiven, die unser Leben verändern werden, 2. Aufl., Bayreuth: Hestia, 1984

Pohlmann, Norbert (Cyber-Sicherheit, 2022): Cyber-Sicherheit: Das Lehrbuch für Konzepte, Prinzipien, Mechanismen, Architekturen und Eigenschaften von Cyber-Sicherheitssystemen in der Digitalisierung, 2. Aufl., Wiesbaden: Springer, 2022

Wendzel, Steffen (Sicherheit, 2021): IT-Sicherheit für TCP/IP- und IoT-Netzwerke: Grundlagen, Konzepte, Protokolle, Härtung, 2. Aufl., Wiesbaden: Springer, 2021

Wernert, Manfred (Internetkriminalität, 2021): Internetkriminalität: Grundlagenwissen, erste Maßnahmen und polizeiliche Ermittlungen, 4. Aufl., Stuttgart: Richard Boorberg, 2021

Internetquellen

https://blog.google/intl/de-de/unternehmen/technologie/so-schutzt-ihr-euch-vor-phishing, Zugriff am 15.05.2022

https://bundeskriminalamt.at/306/, Zugriff am 22.05.2022

https://cloud.google.com/blog/products/identity-security/protecting-against-cyber-threats-during-covid-19-and-beyond, Zugriff am 22.05.2022

https://de.statista.com/statistik/daten/studie/73876/umfrage/anzahl-der-gemeldeten-phishing-webseiten-weltweit/, Zugriff am 08.08.2022

https://ec.europa.eu/home-affairs/cybercrime_en, Zugriff am 05.06.2022

https://tu-freiberg.de/urz/it-sicherheit/spam-phishing/gefaelschter-absender, Zugriff am 22.05.2022

https://unit42.paloaltonetworks.com/how-cybercriminals-prey-on-the-covid-19-pandemic/, Zugriff am 26.05.2022

https://www.a-i3.org/a-i3/, Zugriff am 29.06.2022

https://www.berlin.de/sen/inneres/sicherheit/cybersicherheit/cybercrime/ artikel.582678.php#begriff, Zugriff am 22.05.2022

https://www.bitkom.org/Presse/Presseinformation/Angriffsziel-deutsche-Wirtschaft-mehr-als-220-Milliarden-Euro-Schaden-pro-Jahr, Zugriff am 15.05.2022

https://www.bitkom.org/sites/default/files/2021-08/bitkom-slides-wirtschaftsschutz-cybercrime-05-08-2021.pdf, Zugriff am 15.05.2022

https://www.bka.de/DE/IhreSicherheit/Praevention/praevention_node.html, Zugriff am 29.06.2022

https://www.bka.de/DE/UnsereAufgaben/Deliktsbereiche/Cybercrime/cybercrime_ node.html, Zugriff am 22.05.2022

https://www.bsi.bund.de/DE/Themen/Verbraucherinnen-und-Verbraucher/Cyber-Sicherheitslage/Methoden-der-Cyber-Kriminalitaet/Spam-Phishing-Co/ Passwortdiebstahl-durch-Phishing/Schutz-gegen-Phishing/schutz-gegen -phishing_node.html, Zugriff am 29.06.2022

https://www.bsi.bund.de/DE/Themen/Verbraucherinnen-und-Verbraucher/ Informationen-und-Empfehlungen/Cyber-Sicherheitsempfehlungen/Basisschutz -fuer-Computer-Mobilgeraete/basisschutz-fuer-computer-mobilgeraete_node.html, Zugriff am 29.06.2022

https://www.europol.europa.eu/operations-services-and-innovation/public-awareness-and-prevention-guides, Zugriff am 29.06.2022

https://www.europol.europa.eu/sites/default/files/documents/how_covid-19-related_ crime_infected_europe_during_2020.pdf, Zugriff am 26.05.2022

https://www.fbi.gov/scams-and-safety/common-scams-and-crimes/spoofing-and-phishing, Zugriff am 22.05.2022

https://www.lka.polizei-nds.de/kriminalitaet/deliktsbereiche/internetkriminalitaet/cyber-crime-115790.html, Zugriff am 05.06.2022

https://lka.polizei.nrw/presse/nordrhein-westfalen-stoppt-vorerst-antragstellung-fuer-die-corona-soforthilfe, Zugriff am 05.06.2022

https://www.paloaltonetworks.de/company/press/2019/palo-alto-networks-and-europol-expand-collaboration-efforts-on-cybercrime, Zugriff am 26.05.2022

https://www.polizei-praevention.de/themen-und-tipps/straftaten-im-netz/phishing, Zugriff am 22.05.2022

20

https://www.spiegel.de/wirtschaft/john-naisbitt-ist-tot-zukunftsforscher-und-bestseller-autor-a-01d53db6-888f-49fa-8b1f-7920adcce018, Zugriff am 21.05.2022

https://www.unodc.org/documents/congress/Previous_Congresses/10th_Congress_2000/017_ACONF.187.10_Crimes_Related_to_Computer_Networks.pdf, Zugriff am 05.06.2022

https://www.verbraucherzentrale.de/wissen/digitale-welt/phishingradar, Zugriff am 29.06.2022

https://www.zukunftsinstitut.de/dossier/megatrends/#definition, Zugriff am 21.05.2022

https://www.zukunftsinstitut.de/dossier/megatrend-sicherheit/, Zugriff am 21.05.2022

https://www.zukunftsinstitut.de/dossier/megatrends/#was-sind-megatrends, Zugriff am 21.05.2022

https://www.zukunftsinstitut.de/dossier/megatrends/#12-megatrends, Zugriff am 21.05.2022